AF545828

eof.*

Kjartan Hatløy, geb. 1954, wuchs in Sørbøvåg am Åfjord, Kommune Hyllestad, in der Provinz Sogn og Fjordane (Westnorwegen) auf, wo er auch heute lebt. Nach dem Studium arbeitete er viele Jahre als Rohrleger auf einer Werft, später betrieb er den Kleinbauernhof seiner Eltern und schrieb nebenher. 1996 debütierte er mit dem Gedichtband „Solreven“ (Sonnenfuchs). Seitdem hat er 10 weitere Lyriksammlungen und einen Band mit Erzählungen veröffentlicht. Zuletzt erschien „Den kvite vegen“ (Der weiße Weg), 2016. Die vorliegende Auswahl versammelt Texte aus allen 11 Gedichtbänden. Kjartan Hatløy gilt als einer der hervorragendsten Naturlyriker Norwegens, er wurde 2012 für den Bragepreis der Stiftung Den norske Bokprisen nominiert.

Klaus Anders, geb. 1952, lebt in Neuwied. Dichter und Übersetzer u.a. von Olav H. Hauge.

Kjartan Hatløy

Die Lippen verlangen nach Ocker

Ausgewählte Gedichte

Aus dem Norwegischen
von Klaus Anders

edition offenes feld

Übersetzer und Verlag danken für die finanzielle Unterstützung
dieser Ausgabe durch

die Bergheide im milden Wind
und der Fluß mit dem Wasserfall
ich wohne in meinen Schritten
ich atme Erde ein
und weite Moore
und den Hirsch im Wald
und die roten Föhren
die sich zur Nacht einweben
in eine rote Sprache:
ein Sonnenschein ist mein Sarg

die lichterloh brennende Gabe
die wachsende die kommt

Nacht kommt herein
von weit draußen
schlägt mit einem leichten Beben
einen tieferen Bass an

mit dem Mondlicht
sinken die Wellen

ein leeres Boot
nimmt den Fjord mit sich

ich werfe die Leine aus
nach dem Winter im Sommer
nach dem Schwarz in den Fliegen
Fliegenschwarz auf sechs Beinen
der Fliegen summendes Haus
über grüngrünem Fjord

die kambrische Sonne
stieg in die Adern
der Fluß kam und war Fluß
den ganzen klapprigen Leib entlang
Kopf lag schwer darnieder
ein grüner Stein wo die Zunge war

ich schreie
die Zunge aus Kohle

und eine Brise
blättert noch in den Büchern
unter weiten Bäumen
Katze kommt
durch morgenlicht leuchtendes Gras
Blick von jenseits der Tage
schräg, sacht
schnurrt

so sacht
doch der Bauch will zu den Sternen

die Kaffeetasse schwingt in den Händen
heiße Wellen wogen
in dem winzigen Meer
mit jedem Schluck
etwas Nacht

die dunkelste Nacht
gibt es
strömend
aus schwarzschwarzem Herzen, größter Höhe

ich bin in dem Meer, schwimme ins Zentrum

Diplomatfische wittern
schon meinen kommenden Leib

ich beuge mich nach hinten
zu dem dunklen Fels

in die Innenseite der Hand blinkt Glimmer
Band von lichterer Art
zieht nach Ost, nach West

ein fühlender Fluß hin zur Wärme
ein Horn gegen meine Welt

der grüne Hang

braune Erde

der Laut der Grashüpfer

eine weiß bebende Straße

die ich geh

eine gelbe Espe

ich gehe vorbei
spüre die Lippen verlangen nach Ocker
will in dem Gelben wohnen
rascheln wie Zweige
unter grünem
Himmel
ich hisse die Gräber wie Flaggen
ich nehme mein Fleisch zu den Tagen
das will ich zu einer Rose formen
ein gezielter Ruf
mitten im Sturz

mein Gott ist weniger

Moorlaut aus dem Magen

der Stich der Sonne
im Nacken

eines gelbbraunen Blicks
harte Küsse

Töne östlich
Katzen kommen tags den Hang herab
ihm wuchs der Fuß des Gottes, des trunkenen

tanzend Sterne
im wildesten Dasein

Nacht

Nun ist die Sonne der Träume
Unser sich öffnender Raum
Der den Raum hält

In wildester Fahrt ist sie ruhig
Selbst in grausigster Fahrt können wir gleiten

Sie lockt uns im Schlaf zu sich

Nahe ans Zentrum
In Raum ohne Raum

Fährt nun freihändig
Im gelben Bus der Ereignisse
Innen im fliegenden Dunkel
Auf Abstand

Jäh hast du flinke Blaumeisenblicke
Des Hügels Intelligenz multipliziert mit deiner

Wo das Chaos aus wegschwimmenden gelben Punkten besteht
Entstanden deine Lippen

Sie machen die Wärme milder

Du läßt warme Brisen
Um die Brust spielen
Ich spüre wie mein Fußboden sich freut
Nun schreiben deine Füße so schnell

Du wünschst Meerleuchten in dir, kommst
Dann liegt das Haar in Schwingungen

In deiner rechten Faust
Genug Nacht für eine Nacht

Merktest dir
Deinen Tigerblick nur halbsatt
Deine streichelnden Hände
Buken mich zu warmem Gold
Ich sah
In der Pupille Stille

Froh über meine Hände
Sie hielten deinen Kopf
Wärmten deine rotbraune Haut

Ich nahm Abschied von mir
War mit deinem Gott
Als die Hände begannen zu segeln
Schwer dich trugen über den Boden der Freude
Schlang
Beine und Arme
Um alles was du warst

Die Bachstelzen
Wippen ihren Frühling die Wege entlang
Sonne kommt von meinen Lippen, der gnädige Berg
Schiebt sie höher hinauf
Der Berg
Im Flug auch heute
Hoch über dem Fjord, die Todeswiegen
Im graublauen Auge die Pupille
Weitet sich, tanzt
In sprechenden Wellen um die Wirbelsäule
Alles Licht flutet
Spiegelt die wilden Gipfel
Ich preise zögernd Licht der brausenden See
Die Schritte der Fortgegangenen
Zur Rechten die Strände entlang
All dieser Gehenden leises Gespräch

diese Stille

nicht so gut
wenn Gott sich ängstigt

ich fange
den Beginn eines Tags
dann nehm ich ein Stück Schokolade
frag was das Blutlicht
eigentlich will

zuletzt findet der Raum eine Wende

kommt schwanzwedelnd

heil dir, schwärzeste Ameise,
mit solch dünnen Beinen schreibst du der Erde

ich bin bei letzten Fahnen
hab vieler Klippen heimlichen Puls
aller Kronblätter Takt

viele flinke Räume in meinen Armen

der Krieg an der Front des Raums?
geführt von Ungeborenen –
sie bauen sich Häuser
aus dem absolut
Schwärzesten
im Raum zwischen den Sonnen

sie springen
noch schneller als Licht
mit drängenden Knien

jeden Tag gehen die Himmelskuppeln
beugen sich vor dem Schritt
in deinen Schritten

mit einer Brise greift dich die Höhe
wenn ein Gebirgsfluß weiter trägt im Sturz
wenn deine Freude
ein schnelles Strömen ist von weißem Blut

ich bekam diese Zunge als der Himmel verrückt ward

mit der ziehe ich flutende Sonne ein
schlecke die Rede
von den Händen der Toten

Schritte hinab zur See
während ich die Hände zu kleiner frischer Sonne schwätze

jede Welle hier
erinnert den Gang von Vater und Großvater
sie sind jetzt Meerlicht mit Auftrag
nahende Schauer
aus wildestem Lächeln

einige Wolken in den Händen
Schritte
die leise sprechen
mit dem Klügsten, das der Tag hat
nur wenig über die hohen
Fichten hinweg

der Wind übt dort
dann bekommen wir irrgrüne Herzen

du grubst dir ein hastiges
hellgelbes Grab in der Luft

du wärmst meine Atmosphäre nicht länger
doch hast Sonnenhände auf der Haut

die deinen Festtag herausstreichen

aus Briefkästen baue ich Häuser
taufrischen Maihimmel leg ich mir um
horch! die Asphaltstraße will was
sagt die Erde stammelt bloß noch
im Fernsten bin ich just geboren
und plag mich nicht

wenn ich Walzer tanze mit Augenblicken

nur eine Pfütze

in der Kieseinfahrt
sieht die neuweißen Traubenkirschen mit einem Zittern im Spiegel

ich beuge mich
der Nacken beugt mich
hinab zum einzigen Lichtschein des Wassers

kleines Leben heißt es

dort im ackerbraunen Pfützengrund: 9 winzige Mückenlarven komponieren haben
komponiert
du brauner Grund
stiller Krötenrückengrund
hei

weiße Vorsommerwolken da oben sind ja deine Einfälle

Wolken, die sich bewegen, hast du geschaffen, schaffst du
du heiliger
so gut mit der Kinderfaust

daß du den Vogel grüßt der mit schwarzem Licht leuchtet

und etwas trist
der froh hinabfliegt

in den frühen Morgen seiner Strophen

es war eine so schenkende Brise
aus der klaren Nacht in Sternenruhe
die in wildstürzendem Freudefall
einen heiseren Esel schuf der
stracks die Tür zu den Erdhimmeln auftrat

das alles war Eifer

darinnen Gottesmutter

die neuesten Worte dieser Minuten
kitzeln erst unter der Fußsohle

sie kommen aus fraueneigenen zerrissenen Geburtswolken
die sich stützen lassen von der Einsamkeit eines roten Sterns

wir sind wohl weiße zähe Flammen
unter der Haut

das ist unser Bestes
auf einer Reise in einen anderen Frühling und sieht besser die Geschenke:

der Schimmer der heimlichen Schwerarbeit des Menschenkörpers

der niemals auf Wortfragen antwortet
bloß eintaucht
in einen lauen Goldnebel neben dem Küchentisch

und tief hinab jeden Pfad jede Straße

du siehst ihn nie doch du besitzt einen schönen Sturm
stets hoch über dir
fliegt es
in seinem Spiel mit dem Fernsten, hoch über dem Wirrwarr des Kalenders

trotz tausend Wintern

die Tage die du gebierst
flattern über ockergelben Fjorden so dauerhaft wie du im Tod

wenn du dann abhebst mit einem schwarzen Adler
der den Himmel überscheint

und wenn etwas in deinem kleinen Finger
mit einem hellsten Pling

aus den Lebenden aufspringt

die Krähe spaziert hier draußen
mit offenem Schnabel
mit offenem Schnabel: heraus stürzen Regen und weiche, leichtfüßige Windböen
das Auge ist noch schwärzer
wenn die Urgroßeltern rausgucken

der erste Sonnenschein des neuen Tages
rückt so still herüber
bis zu der Krähe und ihren Wacholdern im Wald
sie hüpft fauchend rückwärts
bis zum allerletzten Schatten
den sie mit Flügeln über sich wirft

nur wolkenfreier Himmel und sie
keine Hänge heute
keine Häuser und Wege
nur wolkenfreier Himmel und sie
fällt hindurch
rasend schnell

und nur die Flügel wachsam

eine kleine spätrote Wolke
sprang auf wie eine blaufliegende Krähe
dunkelblau
grüßt sie die Klippe den Berg steilt vor seinen 2 leuchtenden Fjorden

die Krähe kommt springt in einen ihrer Laute

genau unterhalb ihrer Flugbahn
in gerader Linie
Loch an Loch:
frische und schwarze Erdrechtecke am Hang
so weit das Auge reicht

sie späht aus der toten Baumkrone
dreht den Hals
hält ein
dreht
hält ein
sitzt und hat neue Gedanken
befördert durch die Schwärze der Füße oder von Agenten der Himmelswölbung
sitzt mürrisch und sieht:

die Stätte wo der Mensch herausbricht

Alle Tage, jeder einzelne, der bis jetzt war, sie bergen sich im Küchenbenutzer
die Morgenröte über dem Kühlschrank zwingt den Tod einen Schritt zurück
lebt weiter in dem mahagonibraunen Brotmessergriff,
in allem, woraus die Uhr gemacht ist, und dem langen Sekundenzeiger dort
der immer wieder runterfällt, bevor er der II nahekommt

Der Laut, wenn die Kühlschranktür geschlossen wird, jedes Mal gleichsam für immer
sobald die Füllung dem Metall sich nähert, spricht der Laut
jedes Mal vom guten Zumachen, von einer
dienenden Kraft, die sich herausschafft aus nichts.

Die Westwand stoppt nicht ganz den Klang dieser einen
von vier Strophen des Amselhahns
auf dem weißen Tisch steht ein Glas Bier
munter steigen kleine blanke Perlen rasch aus zwei Punkten nahe am Boden
vermindern sich sacht
gerade jetzt ist das Leben zu binden mit energieschwachem Licht
flaniert zwischen den Dingen

Passierten die Grenze zur Küche, erholten sich wieder in der lauesten Zone
dort gehen sie nun ihre neuen Bahnen, die umgeschaffenen Stimmen von Vater und Mutter,
Schwester und Bruder, leise
alle Münder fern, zu einer wandernden Lichtleiter geworden, in dem braunen
Linoleumboden
andere Male: ein Bach aus reiner Freude schwingend zwischen Fenster und Tür

Durch einen plötzlichen Fehler, aus der Tüte in sachtem Tempo:
drei goldrote faustschwere Äpfel rollten vom Tisch und auseinander, wie Sonnen
mit zwei-drei tiefen Baßschlägen
ihre Bewegungen dauern eine kurze Zeit, bevor sie beinahe zugleich enden
erst dann beginnen die Farben zu senden und strömen von den gelben und roten
Lichtführern

Ich ging hinunter an diesen Fjord so leise ich konnte, als ob ich mich an einen Hirsch anschleichen würde. Doch er war dann in so vielen verschiedenen Stimmungen, und schon war ich umringt.

Eine einzelne kleine weißgespitzte Welle ist aktiv, sie ist da, ist nicht da, ist da. Stille schwarze Stille, eine Brise in der Brise, es ist hoher Sommer. Ich komme und stecke ihn in die Taschen.

Ich bin eben erst hergekommen, allein in klarkalten Winternächten wirft die Fjordhaut flackerndes Sternenlicht von einer kleinen Sonnenschar in mich hinein.

Ist es Sommer, schmiegt sich der Fjord an mich, doch niemals eng.

Hoher blauer Berg, von dem 700 m tief ein schmaler windbewegter Schleier stürzt, weiß. Einen Tag Fluß, einen Tag Bach, einen Tag weg.

Bin wieder ein Kind. Die gleichaltrigen Birkensämlinge führen mich, zu meinen Füßen liegt der Fjord, wieder verläuft dort eine Strömung. In langen Schlingen und Schleifen aus Silber reicht sie von der Fjordmitte bis zu den flachen Inseln im Süden. Die Leute sagen, daß dann manchmal Tote in der Tiefe eine Glocke aus Stein läuten, andere sagen: ein Löffel aus Gold kam und fütterte den Fjord.

Alle Wellen, wenn ich schlafe, ein Ton, trifft die Welle auf schwarzen Fels, ein Ton, trifft sie auf weißen. Alle Wellen, die sich geplagt haben und da waren und um die ich nicht wußte. Die Stunde brennt. Da grüße ich.

Papa sagte: Das langgezogene Geläut hier am Strand hat die See hergetragen. Und er sagte, als Großvater beerdigt wurde, sang er, den die See trug, noch vor allen anderen.

Klippe um Klippe auf der anderen Seite

schwarz oder dunkelblau, selbst im trockensten Sommer.

Himmel stürzt heraus wie ein dünner kleiner Fluß.

Für meinen Sterbetag wünsche ich mir, daß der Fjord weithin bis zum Meer marineblau ist und glatter als Seide. Dazu will ich Silberwellen, die allerkleinsten, über eine große Fläche. Niemand soll sie sehen können, doch sollen sie zittern und beben. Nicht schlimm, sagen die Leute, er verschwand unten im Tang.

Wenn es in Strömen regnet, wird der Bergriegel im Süden weiß. Weiße dünne Bachfäden kommen heraus, wild und wilder schlängeln sie sich hinab, sie schmecken nach Erlenwurzeln, schmecken nach der Regenwolke. Da sitzt der blaue Reiher auf der östlichen Schäre nahe dem Nordstrand, der Schnabel ein mondgelber Dolch. Eine Klugheit, die nicht unsere ist, arbeitet hinter der grünen Iris.

Nun kommen sie endlich aus der Höhe herab in schlingernder weißer Reihe, in ihren weißen Schwingen, ganz nahe bei mir, nur in halber Fahrt. Sie wenden mir ihre Köpfe zu, jeder zeigt mir, wie seine lange rote schmale Zunge liegt und wartet im lichtgelben Boot des Schnabels.

Hochsommer, im Fjord schläft das Meer, Disteln stehen im engen V-Talboden, ihre Spitzen bewegen sich so wie die Brise entscheidet. Sie füllen das ganze Tal, gleiten hernieder wie ein dunkellila Gletscher.

Im Westen ist die Sonne hinter den Hügeln niedergegangen, doch ich höre sie noch, wie eine Libelle, die dicht am Ohr vorbeifliegt. Der lange dunkelblaue Rechteckberg im Süden steht und steht in der Stille. Während ich hinschaue, wird die obere Hälfte rot.

Im Fall spiegelt jeder Regentropfen den See, da ist ein Tosen, das unter den Füßen kitzelt, vom Fluß auf der anderen Seite, dem Dreihundert-Meter-Wasserfall, etwas in den Wellenkämmen klettert aufwärts in das weiße Wasserfall-Licht und wird Licht.

Es strömt neues Leben herauf
schwarze Flecken treiben auf der Sonne
bilden langsam ein Wolfsgesicht, mit dem Sonnenleib wandernd, es muß, muß
so wandern, immer schwärzer
jäh des Wolfs mildes Lächeln über erlegter Beute, Zunge hängt,
dort: zwei schwarze Rosen tauchen auf und wandern nach Ost

folgen, folgen, all das nicht das Unsere

Nur selten ist das Licht eine Sonne
nur selten findet das Licht einen Hang, wo es mit leichtem Druck herabströmt
Geschenk, das freundlich Raum vor sich herjagt

kurz vor dem Aufgang wartet alles
auch die Stille

der schuldlose gewaltige Goldball will hoch, doch alle Toten halten ihn fest

da fliegt die Amsel auf und schaut auf sie mit geschlossenen Augen
und all ihre Hände lassen los

Bevor die Julisonne aufsteht
sammelt sie sich eine Weile im Heuschreckenlaut
mitten im Luchsauge wohnt sie ein wenig
und mitten in unserer Erwartung
in gelbem Blut verbirgt sie sich
und dann, sehr tief: in allen Menschenhänden für den Ernst einer Zeit

Ein paar Wacholder dort oben in halber Höhe, von der dunkelgrünen Sorte, nicht der
hellgrünen
der fichtenfarbenen, der grünsten davon
die kleine Gruppe gehört zu dem schmalen Rinnsal, steht
denn ein kleines Hangmoor hielt ihren Vormarsch an
der starke Wacholdergeruch mischt sich mit
dem Geruch nach heißem Augustmoor, der Sturm und Blut stillen kann.
Sie haben einen Späher vorgeschickt
er ist erst fünf Jahre
steht mitten im Moor. Steht und steht. Ein kleines o
doch über das entscheidet ein Waldkauz allein
Tag und Nacht

Kaum sichtbar vom Hof aus
der alte Mann am steilsten Hang
läßt die Hände Wacholder schlagen.
So alt, daß ein Feuer in den Adern wohnt, jagt das Blut vor sich her
Tag um Tag bündelt er Wacholder, kann nicht gut gehen, mager
doch wälzt riesige Wacholderbunde talwärts
eine Hand schlottert sehr, doch Augen wie ein Falk

gewiß der Regenbogen und des zähen, bleigrauen Bandes
noch müssen sie gehorchen

Ein paar Wacholder verbargen den Hirschblick
der wieder auf seinem schwarzen Steg kam, uralter Steilhang dahinter
er hob jäh den Kopf, starrte.
Da löste sich eine Gruppe Schwalben aus der Krone, fuhr so flugs
auf im Schwung, flugs, weit
ganz still folgte ihnen das Strömen
aus dem dunkelbraunen Auge

Die kleine Insel da draußen, der Bach muß sich teilen
ein paar Grasbüschel
eine mickrige Birke und zwei Sumpfdotterblumen leben da, in der Brise Tag und Nacht

da drüben wohnt die Seele der Klamm, sagen die Leute
auf der Insel stärkster Klammgeruch
und von dorther:
jäh sah der Otter auf

Spätsommers kleine Moorsenke nahe dem Gipfel
nur die Grube liegt nicht im Schlaf, sie horcht, es rinnt ein, nicht aus
ein Duftland währt, nimmt ab, nimmt zu
jetzt grünstes Grün: es hält Wacholder schräg aus dem Jubel
sonst alles gelb, blaßgelb. Einer Amsel gehört die Stelle
sie war hier
sie flog auf

Die Bäume fürchten es. Das Moor ist so fremdes Leben
Bäume wagen sich nicht hinein, nur wenige Gräser tun es.
Mittendrin das Grab einer Kiefer mit all ihren Tagen, allen Himmelsfarben, dem Hiersein
aller Wolkenzüge
schnellster und langsamster

Aus der Höhe
aus all dem Unfaßbaren flitzen die Libellen, wie gewohnt
das rote Moor ist Sumpf auch für sie
zieht sie hinein in seine Tage, sein nahezu ewiges Land
es fährt in das Licht eines hohen gelben Halms und trägt es weiter für immer

später ist das Moor unter Eis, klarem Eis eines Morgens
das Sternmoos ebenso grün

Mit dem Raben fliegt ein Rabe aus Sonne
Die Augen winzige Brände aus lebendem Gold, heiß die Außenhaut
sie saugen uns ein, so machen sie es,
alles saugen sie ein
auch unsere Gräber, sie alle, jedes einzelne
und alles, was Menschen wissen

Septembersonne, stundenweis, tageweis,
die Gruppe Disteln bricht ins Blühen auf. Silberstacheln kommen
aus dünnen, aufrechten Stämmen.
Noli me tangere.
Lauwarmer, knochentrockener Grund
wo der Pillendreher sich mit Schafsperlen wälzt. Vom schwarzen, fast grünen Rückenschild
ein scharfer Glanz und der Geruch des Schicksals

Hier haben auch meine Eltern gewohnt, in demselben kleinen, weißen Haus, meistens sicher, zeitweilig in stillem Glück. Wie lang ist das doch her.

Jetzt ist hier nordische Nacht. Jetzt ist hier schöner Sommer. Jetzt sind die kleinen Stunden hier, lange nach Mitternacht. Ich beschließe zu feiern, daß es diese Stunden gibt. Obwohl schon so spät im Leben. Ich feiere nicht mit Schnaps, sondern indem ich die Gedanken schweifen lasse und vor nichts ausweiche. Gegen drei Uhr schaue ich zu der Tür im Flur. Ich muß hinschauen zu dem leicht Unheimlichen, das plötzlich da ist — hinter einem kleinen Rechteck aus gewelltem Glas. Da, dahinter, ist es nicht nur das Nachtdunkel, das sich eingefunden hat, sondern etwas unausweichlich, höchst lebendig Schwarzes, es könnte der strengste Herr sein, der so nahe gekommen ist. Oder es könnte das Nichts sein, das einen beruhigenden Engel sendet.

Nur für unruhige Menschen ist er ein Problem, ist er da. Er ist keine Farbe, kein schwarzes Licht. Auch nicht der Tod. Aber er ist etwas, das Schicksal ist, steht einfach da und strahlt still, lange bevor der Morgen kommt, und so brennt man nicht.

Die wir sind. Was wir unsere Tage nennen, ist noch nicht zerschlagen von der Ewigkeit, unsere Tage sind hier, doch eine kurze Frist ist gesetzt.

Nicht nur wir sind hergekommen. Auch diese sternklare Januarnacht ist hergekommen, und hoch dort oben, nahe dem dunklen Zenit, erkennen wir die Windungen des schwarzen, glatten Baches wieder, der weiter und weiter zieht. Ist aus kältestem Staub, nicht geschaffen, nicht gemacht, mündet weder in diese noch andere dunkle Sternwolken.

Sie alle verlangen keine Dauer, sie leben nicht, und sie geben uns keine Ruhe. Doch nun lauschen sie, sie werden lauschen, und seien es Millionen Jahre, der Farbe Gelb, und das eifrig. Gelb zum Beispiel des Erlenblatts, das wir sahen. Es schweifte, fiel. zog. folgt.

Gehorcht.

Es gibt kleine Ereignisse auf dem Weg, besondere Augenblicke, nicht die letzten. Es ist so still hier, daß man sogar die Mistkäfer hört. In frohen Stunden schweife ich hier und dorthin, nach Westen, Osten, Westen und lausche, sehe, lausche. Selbst an einem elenden Tag geht die Sonne auf. Ich spüre es: zu ihr will der Körper, die ganze Zeit. Kleine Ereignisse kommen vor, ja. Alle, gerade hier, so unscheinbar und nicht die letzten.

Auch auf diesem Kiesweg: die rote alte Katze mit weißen Pfoten. Sie traut mir nicht, obwohl wir uns schon lange kennen. Nur wenn ich strammstehe und dabei lächle, wagt sie sich vorbei, in einem kleinen Spurt, stets wachsam, läßt mich nicht aus den Augen. Alt, ja sicher. Doch immer noch ein großer Jäger, selbst tagsüber.

Ich sehe sie draußen an einem Februartag, wenn es schneit. Sie hat sich hingesetzt, keine Bewegung. Doch so vieles hat Respekt vor ihr: die Schneeflocken lösen sich auf, lange bevor sie dem roten Pelz nahekommen. Denn sie ist nun einmal sie. Und den Juli erlebte sie auch, da sammelte sie Tag um Tag so viel Sonnenschein, zumeist von dem, der die Seinen zu wählen weiß.

Niemand traut sich, die Sonne zu beunruhigen, mittags, wenn sie schläft, zusammen mit ihrer eigenen Möglichkeit, hoch oben, nahe dem Zenit. Auch nicht, wenn sie in dem fast heißen Weg aus bleichem Kies und Grasbüscheln ist oder als ein Etwas in der hellgelben Katze, die dort mit ausgestreckten Beinen reglos liegt.

Die gleichsam kalte, grauweiße Katze kommt selten, und wenn, dann vorsichtiger als die anderen, ganz aus sich. Die Erde ruft nicht. Sie ist in diesem Modus: sie spürt uns auf sich.

Im Augusthalbdunkel und -abend; diese weiße Möwe kam und segelte so unerwartet rasch auf steifen Schwingen am Stubenfenster vorbei. Sie könnte viel Unterstützung vom Wind gehabt haben. Ich sah sie dann noch einmal vor dem inneren Auge. Im Inneren der Möwe wohnt der Tag, an dem sie geboren wurde. Sie trägt noch Sonnenschein von diesem Morgen in sich, den Duft von weißem Strandfels. Sie ist so lang schon hier, sie gibt den kleinsten Laut von sich. Noch einmal geschieht es, daß sie vor dem Südfenster gleichsam vorbeistürzt, dieselbe Richtung, selbe Geschwindigkeit. Unsere Körper lassen es, einander zu grüßen. Und doch wollen sie genau dasselbe: wollen ihr Leben abbauen, wollen unbedingt: nicht sein.

So ist es hier: Die Sonne nimmt von unseren Stunden. Sie stößt uns aus und findet uns wieder. Nicht, daß ich eine Antwort erwarte, doch was mir an Stunden noch bleibt, soll ein kleines menschliches Zeichen hinauf zu diesem rotierenden Körper sein, der eine gelb scheinende Sphäre ist im Dom des Universums. Das ist das Wichtigste. Und sonst?

So ist es hier: Einer lebt auf dem Land. Genauer: in ländlicher Stimmung. Die Ländlichkeit, sie wacht und schläft niemals. Nachdem ich sechzig Jahre gelebt habe, dieser merkwürdige Herbst, da die Sinne sich schärfen müssen und lauschen. Was man sieht, zum Beispiel. Die Augen sind dieselben, aber es scheint, als würden die Amseln Johannisbeeren dreimal so schnell schlucken.

Das ist mein Kiesweg, ich sehe ihn gut, er ist mein kleiner bleicher Weg, doch plötzlich scheint er mehr Licht als Weg zu sein.

Und gleichsam in einem Glissando: Die Rufe der Elstern werden zu Krähenrufen. Und dieser dunkelblaue, fast rechteckige Berg, der sich immerzu gleich war: in diesem Herbst liegt ein schwarzer See darin, älter als die Erde.

Auch dieser Herbst gehört nicht mir, aber etwas von der Röte in der Eberesche, das ist mir. Die Zeit, ich habe keine Lust darauf, daß sie stehen bleibt, ich werd sehen. Und schon gilt unversehens etwas anderes: Bevor meine Katze endlich ihr linkes Ohr ausgerichtet hat, schickt ein neuer Frühling seine erste Order.

Grünlicht zu sehen, die immer noch grünen Blätter, dieses Detail des Herbstes, jedes hat sein eigenes Schicksal. Das Grüne in ihnen schwebt uns zu, aber hält dort nicht ein. Das Grüne im Kosmos reist länger. In die Geschichte des Grün sind wir nicht eingewebt. Das Grün geht und kommt, wie es will. Es zieht umher, der uralte Wille in grünen Photonen ist etwas ganz Reines, und er braucht keinen Ursprung, kein Zuhaus.

Wo der Bach einen kleinen Kolk gebildet hat, schwanken die kohlschwarzen Schatten von vier, fünf Erlenblättern auf dem Wasserspiegel. Ich kann es gut hören, doch die Stille ist das Stärkste. Hier ist das Licht nicht des Tages Licht, auch nicht das Licht der Stunden. Aber Licht schwimmt in meiner Handfläche. Licht schwimmt in der Brise, in ihrer Richtung und Temperatur, die nur einmal so da ist.

Im Bach ist das Licht jetzt braun. Eine kleine Forelle, auch braun, trotzdem sehe ich sie, dort unten ist sie bei sich. Sie schwebt gleichsam über Schwarzmoorfeldern. Dann sehe ich, wie sie schwimmt und dabei den Bach gewinnen läßt, sie treibt mit dem Bach, der hinabströmt, aber sachter als der Bach will. Der Mund öffnet sich, schließt sich. Gleichzeitig schnellt eine nackte Zunge aus wildem Feuer von der Sonne herab.

Auch ich öffne und schließe den Mund. Die Forelle öffnet den Mund hinter der Biegung, wo ich sie nicht sehen kann. Die Forelle und ich, wir sind.

Früh im November, und graues Dunkel schon zur Mittagszeit. Ich bin am Ziel des Spaziergangs: am Fjord. Genauer: die Smillebucht. Gerade jetzt nähert sich die Flut ihrem Höchststand. Man kann sie hören. Zwischen zwei steilen Berghängen in Süd und Nord werden alle Laute verstärkt. Winzige Wellen kommen von Westen bis in die Bucht und erreichen hier ihren Höhepunkt. Sie sterben in weißem, feingekörntem Sand, jede mit ihrem weichem Laut. Hier mündet ein Bach in den Sandschatz des Ufers, nach einigen weiten Schleifen. Er bringt heute schwarze Blätter zum Fjord, eine dunkle Masse Blätter in einem dunklen Bach, sie treiben in ihm und kommen, es endet nicht, es kommen noch mehr, es währt. Hier endeten Eichenblätter, Erlen, nicht zuletzt Ahorn, reichlich Birke. Nun sind sie alle gleich und zu Zehntausenden hergekommen. Alle in dem gleichen schwarzen Farbton, und sie kommen schwebend herab in diesen unauffälligen Fjord, kommen ohne eine einzige Pause, während nur ein Mensch zugegen ist.

Weit weg, in der Ferne, steht ein Mensch, ich sehe ihn. Man kann nicht sicher sein: Vielleicht sieht er eine ganz andere Sonne, nimmt Gold anders wahr. Der Mensch ist so weit weg, daß er schwarz ist. Die Bewegungen, die er macht, sind so gering, daß man sagen kann, er stehe absolut still. Gleichzeitig: Auch all das, was oben in der Höhe vor sich geht, geschieht. Die Wolken dort oben, die gleichsam brodeln, sind neue Wolken, der Wolkengang dieses Tages, doch sie alle, all die Heerscharen des Himmels, sind ja Milliarden Jahre alt, festlich ziehen sie dahin und kommen nie zurück. Und in ihnen, die ja Wasser tragen, das älter ist als die Erde, lebt eine gewaltige Stimme. Und die hat sich zurückgezogen für immer. Aus dieser perlenden, lebendigen Kälte heraus wird sie niemals mehr sprechen.

Eine Nachbarin wohnt nur hundert Meter weit weg. Lebt seit mehr als sechzig Jahren hier. Immer noch rüstig und quick. Brachte sich selbst Englisch bei. Reiste zweimal im Jahr nach Teneriffa, mindestens. Ihr Garten ist ein Pracht. Riesig ist er, mehr wie ein Park. Dort wachsen viele Arten. Im Osten grenzt er an die asphaltierte Straße. Zypressen wohnen bei ihr, auch Pinien. Und Hyazinthen. Lilien, Astern und nicht zuletzt Rosen, ihre Spezialität. Sie beschützt sie alle zu jeder Zeit, sie blühen, während die Autos nur einen Steinwurf entfernt vorbeirasen. Die Blüten neigen sich dabei ein wenig, das ist ihre einzige Reaktion.

Ihre Schritte — die Pflanzen achten darauf, achten das ganze Jahr über auf ihre Schritte. Auf eine andere Weise wissen sie, daß sie da ist, selbst wenn sie einkaufen geht oder in die Stadt fährt.

Der Westküstenregen ist mächtig hier. Ein Hagelschauer im Juni, ein Starkregen kann die schönsten Individuen, die empfindlichsten, zerstören. Doch sie pflanzt einfach neue. Dieselben Arten wie vorher. Wenn sie der Regen nimmt, hält sie dagegen.

Wir teilen uns einen Weg, ich und sie. Einen breiten, grauen Kiesweg. Unsichtbar sind alle unsere früheren Schritte, die historischen Schritte, stets bei uns. Auch wenn wir draußen zu einem Schwätzchen beieinander stehen, beunruhigen sie uns nicht. Deswegen erwähne ich nie, was ich weiß, zum Beispiel, daß im Sternbild Orion, dort im Schwert, im kältesten Staub neue Materie geboren wird, ganz in der Nähe des Pferdekopfnebels. Andererseits macht sie niemals zum Thema, daß ich allein lebe und keine Kinder habe. Wenn wir dort stehen, wo die Wege sich kreuzen, spüren wir gut, daß die Ewigen nahe sind. Zum Beispiel der Wasserfall auf der anderen Fjordseite, dreihundert Meter hoch. Zum Beispiel der Amphibolit, das blauschwarze Gestein aus dem Silur, das den Untergrund des schönen Gartens, ja unseres ganzen Ortes hier bildet. Was noch? Ja – die Himmelswölbung. Auch das, wovon wir leben, worin wir atmen. Vom Tod, einem dieser Ewigen, sprechen wir nie. Nicht einmal, wie es ab und zu geschieht, wenn wir zusammenstehen und drauflos reden, daß ein Konvoi allzu langsam fahrender Wagen vorüberzieht auf dem Weg zum Friedhof, zwei Kilometer weiter östlich. Dann sprechen wir etwas langsamer, scheint es, und es kommen Pausen. Und bei solchen Gelegenheiten spüre ich deutlich, daß ich ihr einen Schritt näher komme, wenn diese lange Autoschlange sich ganz sacht hinwindet, gleichsam lebt, diese unglaublich vielen Autos, die meisten schwarz, und darin ganz allein der Fahrer.

Die herbstmageren schwarzen Bäume oben auf dem Hügel sind heute nicht meine Bäume. Alles Licht an diesem letzten Dezembertag ist nicht mein Licht. Wie ich da stehe und schaue, fallen die Bäume, mitten am Tag, in einen kurzen Schlaf. Eine minimale Wolke über Indien atmet für sie.

Die Bäume haben auch ein Leben. Keiner weiß, daß einige Bäume mir gehören. Wo sie stehen weiß nur ich. Die mir gehören, saugen kein Wasser, sondern Purpur, Jade und Gold, vor allem aber: Tage.

Wie still das Nachmittagsdunkel geboren wird! Es sickert aus der gefrorenen Mark, aus zehntausend nackten Zweigreichen, aus dem nahen Willen des Kosmos.

Ein Schwarm Raben kommt in Sicht, im Hintergrund der Wiesenhang. Sie fliegen eifrig und dennoch spürbar sacht. Westwärts ziehen sie, ein mächtiger Schwarm, nicht bloß zahlreich. Zuerst in Form eines Haufens. Dann bilden sie dicke Säulen in der Luft, für einige Augenblicke eine nahezu perfekte umgekehrte Pyramide, sie steigen fünfzig Meter, und dann noch einmal gut fünfzig Meter. Das Letzte, was ich von ihnen sehe: wie sie den höchsten Gipfel überqueren und sich dabei zusammenklumpen wie ein heiß hämmerndes fliegendes Herz.

Eine Winternacht auf dem Land. Wenn sie noch ganz jung ist. Ein kleines Dorf in der Welt, trotzdem so viele, die atmen, nicht nur Menschenatem.

Aus dem Fenster gelbes Licht. Das gelbe Licht, sein stetes Fließen. Es kommt aus dem Haus, das auf einem hohen Hügelrücken steht. Darunter eine Silowand, auch sie hoch. Auf die graue Betonwand fällt das Licht aus zwei Scheinwerfern unter dem Dach. Alle sieben Minuten gehen sie aus irgendeinem Grund aus.

Zwei nasse rote Rücklichter eines Autos umrunden, träg wie eine Krabbe, einige Bäume, einige Häuser dort oben. Auf dem Gipfel des Hügels ein Waldkauz, er kommt mit seinem Ruf, ein einziges Mal ruft er. In der Tasche habe ich eine Laserlampe. Ich stehe unten auf der Wiese und schaue hinauf. Etwas Gras ist in jedem Fall bei mir, das weiß ich. Ich stehe eine Weile so da. Dann nehme ich die Lampe und schicke den grünen Strahl direkt ins Kambrium.

Die grauweiße Katze bleibt stehen als sie mich sieht. Sie sitzt so ruhig und schön auf dem Kiesweg, die weißen Vorderpfoten dicht zusammen. Nach weniger als einer Minute dreht sie den Kopf, sieht etwas Wichtigeres. Das Licht fällt in Streifen auf die Hofweide, wo das Gras braun geworden ist. Keine Wolken, nicht einmal hohe Federwolken.

Ein ganz neuer Wind kommt auf, wird stärker und bringt spürbar Hitze. Unterwegs in seiner Klimax verheert er die Pfingstrosen. Fünfhundert Meter weiter östlich, unter einer stark verzweigten Küstenkiefer liegt der Hang, den ich schon so oft betrachtet habe. Nur noch Farnwald dort, das Nützliche, das Gras weg. Diese Farne, sie vergrößern ihr Areal, das Wildgrüne wächst, und zwar erstaunlich rasch. Es sind die ältesten Pflanzen der Erde. Sie waren hier alleine.

Die Katze putzt sich jetzt. Sonnenschein huscht über sie hin. Gelbweiße Schmetterlinge, ungefähr zehn an der Zahl, flattern in ihrem Rücken auf und ab über dem Hof, kommen mir niemals nahe. Doch ein viel kleinerer kam zu mir – oder ich glaubte es einen Augenblick lang. Die schönen gelbweißen waren gewiß zu beschäftigt, doch der braune, der erst den Hang absuchte, ließ sich eine Armlänge entfernt nieder. Da wußte ich, unter anderem, daß hinter der himmelblauen Wölbung die nächsten Sonnen brennen, rasend aus einem Grund, der außer ihnen liegt, rasend. Sie bewegen sich wie zuvor. Ich und nun dieser Braune, wir wissen nicht, ob all das Licht, das sie aussenden, ihr Wichtigstes ist.

Der Fühler des kleinen Braunen bewegt sich. Es ist etwas Unbekanntes, das er hier und jetzt vor sich hat. Ich und er, wir ahnen nicht – und werden nie wissen –, ob die Sonnen, alles in allem, zum Schlimmen oder zum Guten strahlen.

Man nennt die Zeit, in der wir leben, Anthropozän. Das ist falsch, meine ich. Dieser Begriff ist allzu hochmütig, kommt aus einer Hybris. Denk doch nur daran, wieviel anderes außer uns Menschen da ist und lebt. Auf lange Sicht ist es nicht einmal sicher, daß wir die wichtigste Art sind. Ja – zwischen den Lebenden und den Toten, wie unfaßbar viel geschieht um uns herum allein in der Zeit, die es braucht, daß eine interessierte Möwe den Kopf wendet.

Auch mit unseren Toten geschieht so viel. Sie sind der Sturm, sind das Licht und aller Wandel, der sich vollzieht. Die Toten sind der harte Regen, der härter wird, sie sind Hagelschauer, blanke Blitze.

Tag und Nacht: Ich rudere hinaus und schaue nach meinen Netzen. Ich habe sie unterhalb des Kvitebergs ausgelassen, mein Vater zeigte mir die Stelle, dort gebe es gute Chancen. Wenn ich rudere, sehe ich gut, wie die Strände beschaffen sind. Nahe den Klippen sind sie schwarz, glatt geschliffen von den Wellen in Jahrtausenden. Ich rudere und höre alles. Das ist: der Fjord. Die Ruder. Die Wellen. Ich rudere langsam, Amphibolit zur Seite. Vierhundert Millionen Jahre alte, blaugraue Klippen treffen den Blick, sie entstanden in der silurischen Zeit. Die jüngere Sonne, die damals herrschte, mir scheint fast, ich könnte ihr mit einem Ruder nahekommen.

Von weitem sehe ich meine rote Kugelboje. Ich nehme mir Zeit und trinke ihr Rot. Heute trinkt mein Blick so vieles, auch fremde Zeiten. Die geologische Zeit des Devon liegt dreihundertachtzig Meter über mir auf einer Gipfelfläche des Lifjell, in seiner Nähe wurde ich geboren. Dort findet man das farbenreichste Devonfeld der Erde. Es gibt dort auch Reste eines intermontanen Bassins. Einige der größten Flüsse der Erde waren hier an der Arbeit.

Sie hatten große Macht. Sie gaben Milliarden und Milliarden Kieseln, Steinen und Grus ihre raumzeitliche Position, sie kamen dort zur Ruhe, wo der Fluß sie haben wollte. Doch genug, Schluß mit der Predigt, ich muß die Netze einholen. Der Bug stößt auf Land.

Ein Vormittag im Januar. Ich bin zu Fuß unterwegs, links von mir die untergehende Sonne. Am Rand der Asphaltstraße ein schmaler Streifen: angefrorener Schnee, weißes Eis. Ein Rabe, den ich zuvor schon bemerkt hatte, greift mit seinen Klauen einen ganz bestimmten Erlenzweig, nun sitzt er sicher außerhalb des Waldes und ist. Eine arteigene Nacht wohnt nun in ihm, blüht in ihm, mitten in einer lichten Stunde. Er ist etwas länger, dieser Rabe, ich weiß nicht warum. Steiler Fels, ein anderer Typ Schwarz, türmt sich über ihm. Doch sein Schwarz ist diesmal so fein. Es ist schwarze, glatte Seide, die Tracht ist perfekt. Ich sehe sein Auge nicht, es sind viele Bäume zwischen uns. Doch mein Herz spürt es, wenn er nach einer Weile mit beiden Augen zwinkert. Auch daß er nun den Schnabel weit öffnet. Während der nächsten vier Minuten höre ich eine Auswahl seiner Stimmlaute, alles dunkle Töne. Es sind die untersten seines Registers, er sendet die tiefsten Baßtöne, die er kann. Und jedes Mal in Gruppen, zu dritt.

Alles andere wirbelt weg unter diesem schwarzen Solo, das niemals wiederholt wird.

Dann wird es still. Alles stockt.

Stattdessen tut die Sonne etwas: für einige Sekunden schafft sie eine schmale Diamanttreppe am Straßenrand. Sie glänzt, sie muß glänzen.

Dann gehe ich weiter.

Der Diamantschnee, der Rabe und ich: Blitzschnell werden wir vergessene Schatten sein. Doch der Bach in seinen scharfen Windungen bleibt länger hier als wir. Er singt nicht, er denkt nicht. Doch er geschieht, physisch und musisch. Schafft seine verschiedenen Töne Tag und Nacht, in einem Spiel mit genau diesem Ort, nahezu unbekannt. Doch etwas anderes ist bei ihm wie bei uns: Es gibt etwas, das er schützen muß.

Diese kleine Stätte zwischen Hügel und Fjord. Kleinbauern, Häuser hier und da, Wohnstätten, die noch immer „in Betrieb" sind. Hier ist es äußerst still. Sie schlafen jetzt, die Nachbarn. Auch der Wind schläft tief. Ebenso der Mistkäfer. Aber nicht der Bach. Er eilt lautstark in seinen scharfen Windungen herab heut nacht, nach wochenlangem, heftigem Regen härtester Art. Und die Sonne, ich sehe sie ja nicht, vielleicht ist sie nicht mehr da.

Sie sind rar, diese Minuten. Die Nacht geht, während ich mich selbst herausbitte, während die Zeit immer noch da ist. Demütiger kann ich dann nicht sein. Und ein Mächtiges zeigt sich in seinem ersten Strahlen über schwarzen Bergen im Osten. Vom Bach einige neue Töne, die keine Notenschrift einfängt, so licht sind sie gedacht!

Doch dann: bloß die gewöhnlichen Töne. Gab es sie eigentlich, diese lichten von vorhin? Dann ist das Sonnenlicht gekommen, das siegende, reiche Licht auf dem Gipfel im Norden, es nähert sich den Espengruppen, und ihr Laub beginnt zu zittern.

Noch etwas anderes gibt es dort oben: Der Kopf eines Hirschs leuchtet auf von der verschwenderischen Jugend unseres wilden gelben Sterns. Besonders das Auge, das riesige dunkelbraune unter den wenigen, doch langen Wimpern. Die Pupille dort oben grüßt nun den Wald, die Welt, die Toten, die Lebenden. Auch in der Weise, daß der Hirsch demütig wird, geringer, er verlangt weniger Platz nun, da die Sonne wieder da ist. Lange verweilt er, so daß die Sonne ihn etwas wärmen kann.

Plötzlich steht er auf, beginnt zu äsen. Es ist genau dieser Ring aus dunkelgrünem Gras, das dicht um eine gewisse schlanke Espe wächst. Das Gras will weiter heute, will eintreten in die vorläufige Gnade.

Sei still nun, denn dieser Steig ist schön. Er führt in einen engen Steingrund, der so friedlich ist, daß dort das Moos herrscht. Es wächst hier verstreut, wie das Eis es wollte. Kann sein, daß auch Hirsche einige schmale Flächen getreten haben. Der Steig ist steil, anstrengend, gut 65 Grad, nicht weniger. Hoch oben erspähe ich mein eigentliches Blut: blauen Himmel. Zuoberst, wo der Steig in eine Ebene ausläuft, türmen 30 Meter hohe Fichten, alle mit den gesundesten Nadeln, die es gibt, ihre Farbe nur für mich. Sie reißen mich hin, zweifellos.

Jeder Stein hat seine uralte Identität, eine eigene Geschichte. Ob ein Stein gelbbraun ist, schwarz, grau oder weiß, hat seine besondere Ursache, seine geologische Periode. Sie wohnen hier alle, sie berühren sich entweder zufällig oder durch Schicksal. Jeder von ihnen trägt in sich die Zeit, da der Keim der Menschenwelt noch ganz woanders umhertrieb, und keiner weiß wo.

Ganz still ein Gedenken in mir an die großen Ereignisse, als die, auf denen wir herumlaufen, eines Tages hervortraten. An die bewußtlose Macht der Sonne, als sie ihr Alter entfaltete, ihre noch geringe Wildheit zu diesen Zeiten.

Auch gedenke ich der Rekord-Protuberanzen, deren Restleben unter meinen Füßen liegt, und darum gehe ich respektvoll diesen Steig hinauf. Denn: diese uralten Zungen aus explodierendem Gas, *wollen* sie noch etwas, nach so langer Zeit?

Jedenfalls gehe ich hier und weiter meines Weges. Ich muß zu klettern beginnen, ich klettere direkt aufwärts, trotz vielem im Körper, das nun tot ist. Ich meine nicht nur einzelne Zellen. Doch das, was nun in mir tot ist, hat sich in ein anderes Leben geschwungen, auch wenn es ein kleines, scheues Leben ist. Ich meine, es ist etwas Schwarzes am Fuß weißer Berge geworden. Junges Gras, Gras, das nach nur zwei Frühlingstagen sprießt. Das Tote in mir ist ein langanhaltender, variierender Ton geworden, der aus einem Bach kommt, den ich kenne, der ihn an *einem* Tag des Jahres bildet. Das Tote in mir ist in diesen Jahren etwas hinter dem Blick eines Hirsches, von dort meldet es sich.

Erster wirklicher Frühlingstag. Das Ruderboot frisch geteert. Die Ruder sollen nun meine Flügel werden, ich lausche neben dem Bootsschuppen, die See in steigendem Frühlingslicht. Die Ruderspitzen glänzen schwarz. In der kurzen Zeit, in der sie nicht unter Wasser sind, sehe ich Tropfen sich reihen, perlen und fallen, alle fielen! Mir scheint, es sind meine schönsten Tage, die da fallen. Zusammen mit dem kostbarsten Lächeln erinnere ich alte Freunde, tote Bekannte, lautlos stürzen sie, doch nicht ins Nichts, niemals zur Null. Immer zu etwas.

Ich rudere. Noch kann ich rudern. Mein Vater lehrte mich, im Himmelstakt zu rudern, nicht daß er ihn gekannt hätte, er war ahnungslos in solchen Dingen. Trotzdem konnte ein kleiner Kerl, „oberflächlich aus Tiefe", von ihm etwas lernen. Ich rudere also hier, rudere sacht den Strand entlang, wo es süß riecht aus dem Walddickicht, wohl Geißblatt.

Im Fjord tief unter dem Kiel schwimmen Hunderte Heringe. Alle gleich silbern, und in derselben Richtung wie ich.

Vor einer Stunde ging die Sonne unter. Doch noch wirkt sie nach. Auf der Gipfelfläche des Lifjell ist der Neuschnee rosa. Die Straßenlampen schalten sich ein, und ich denke dabei, daß der Mensch zu allen Dingen spricht. Und oben in der Himmelswölbung treiben rötliche, walförmige Wolken, Zeppeline. Dort treibt nun auch der Mond, eine Blässe zwischen Gelb und Weiß. Auch das Licht der Venus ist da, tief im Nordwesten über den Hügeln, uralt auch sie, ja, mit ihren weißen, allesverbergenden Wolken; schon bald wird sie fort sein. Jupiter wird sichtbar, strahlt so stark, daß er sogar hier seine eigene Stimme hat, hier an diesem winzigen Ort. Ich denke an das rote Auge, den berühmten Sturm in der Nähe des Südpols. Bald ist es nicht mehr hier, sehr bald ist es weg. Nein! Es bleibt hier in höchstem Grad, doch es will nicht Planet sein, will nicht ein gefährlicher roter Sturm sein.

Meine Zimmer sind plötzlich allzu groß für mich, ich sitze und fühle mich ohnmächtig. Die Zimmer hier, sie werden hundert Jahre halten. Und es werden ihre hundert Jahre sein.

Es ist bald 23 Uhr. Die dicke alte Spinne klettert sacht über ihre Basis, einem Platz in der oberen Fensterecke. Es ist zu kalt draußen, das feine Netz fängt Mondschein, nichts sonst. Auf einmal fallen mir meine Toten ein, Eltern, Schwester, Freunde. Ich stehe rasch von meinem Stuhl auf, es ist 23 Uhr. Ich lebe, ich segne den Frühling von all meinen Lieben.

Hier gibt es die sogenannten gewöhnlichen Leute. Uns gibt es, ja. Jahrelang haben wir uns samstags um einen Glastisch in dem kleinen Laden hier versammelt. Wenn wir manchmal nur Blödsinn reden, tun wir das, um den Tod besser zu täuschen. Ich kenne die körperliche Gestalt der Teilnehmer sehr gut. Ihrer spirituellen Gestalt bin ich nicht gewiß, selbst nach so langer Zeit. Doch jede Besonderheit in den Tiefen ihrer Gesichter, die kenne ich gut. Und diese Tiefen sah ich schon in meinen Jugendjahren, ich verbrauchte meine Jugend dabei.

Früher waren wir einige. Wir waren zahlreicher. Zu viele von uns sind nun „fort", wie man sagt, und ich sage es auch. Es kommt vor, daß einer von uns zufällig einen Namen nennt. Und stracks feuchte Augen bekommt. Doch nur für kurze Zeit, ein paar Sekunden, denn wir sind ja erwachsene Männer. Dann kommt eher der wehmütige Frühlingsschrei einer Möwe zu Wort. Oder eine Schwalbe überläßt sich einem dunklen Wirbel vor unseren Seelen, verschwindet unter dem Kai, um ihre eigenartigen stillen Spiele dort zu lassen.

Aus dem Fenster des Ladens sehen wir das ganze Jahr über den Fjord, Sommer wie Winter. Wir sehen Flut und Ebbe. Flut und Ebbe, das sind die Toten, das sind sie nun, sagten wir einmal still zu uns.

Doch hier gibt es auch Lachen und Freude. Manchmal sogar in höchstem Maß. Und nach 10 bis 15 Minuten muß ich weiter. Raus und den Kormoranen ein bißchen Angst durch den Körper jagen, oder ich lasse mich sachte treiben, betrachte die Rhododendronreihen. Die Freunde wandern zu ihren Angelegenheiten zurück – oder bleiben sie länger? Selbst nach so vielen Jahren weiß ich so was nicht. Doch ich beobachte sehr aufmerksam, wie viele Ereignisse verschiedener Größe vor sich gehen, während sie ihre kräftigen Fäuste auf dem

Glastisch verweilen lassen, sie für einige Sekunden fest schließen, wenn sie endgültige Urteile über Autos fällen. Oder über die Einkaufsgewohnheiten ihrer Frauen. Ich weiß von Augenblicken, die niemals wiederkommen, wenn dies geschieht: daß unser ganzes Leben in einen Fluß physischer Bewegungen transformiert wird, der in dem, was wir den allergrößten Raum nennen, nützt und nützen will.

Wir sind nicht reich, sind keine Kapitalisten oder Kuponschneider. Wir sind Fahrer, Tischler, Maschinenführer, Klempner, Postbote. Und weiter: ich hatte einmal eine Vision bei einer Tasse Kaffee: Ich sah uns in unserer Jugend vorbeiziehen, fröhlich und flott. Und es wäre nicht ratsam gewesen, dieses merkwürdige Geschehen des zeitigen Frühlings zu stoppen; denn es hätte enorm viel Zeit erfordert, zu erwachen, sich nach und nach umzuschauen.

Da gibt es Stimmen, ich vergesse sie nie. Fast immer gutmütige. Ja, jede Stimme um diesen Tisch herum ist gutmütig, auch meine. Wir „Letzten" – auch wir bleiben nicht, die wir jetzt sind. Wer weiß! Doch wir bleiben lange. Denn wir kommen, um uns lebend in unserem Klang zu begraben. Und genau diese Art Klang kann problemlos von jeder Gravitation entkoppelt werden, der Klang wird nicht vom ersten besten schweren Stern eingefangen, ein. Und so denken wir, uns einem „höchsten Ausblick" zu nähern. Und so wollen wir dazu beitragen, den Guten zu helfen, die Zahl der Zufälle des Guten zu erhöhen. Wir wollen Väter ermuntern, nicht neue Kriege anzustreben, keine neue Aktienhausse, sondern lieber alles zu tun, um die Nachkommen zu ermutigen. Ihnen geduldig, in aller Ruhe und Hoffnung zu helfen, ihre trockenen Rindenboote sicher aufs Meer zu bringen.

Dieser weiße Weg hier ist wichtig für mich, jeden Tag, jede Stunde. Ein kleines rotes Lebendes treffe ich dort auch an. Sehr klein. Auch nachdem ich neuen Kies verteilt hatte, kam sie wieder, die rote Minispinne, aus Mangel an geeigneten Plätzen. Eigentlich sollte es nicht möglich sein, doch auch dieses Mal bemerkte ich sie, obwohl ich beim Gehen nicht auf den Kies starrte.

Man sieht sie fast nicht, sie ist keine drei Millimeter groß, mit vier Beinen, die Beine rot wie der ganze Körper, eher purpurn. Sie klettert so wundervoll leicht, doch streitwagenartig. Sehe sie ihre „Berge" erklimmen, die Kiesel. In großem Ernst sehe ich etwas von dem, was sie ist. Bewundere ihren vorsichtigen Gang, die mutige, gefahrvolle Reise. In jedem Sommer der letzten zehn Jahre habe ich sie gesehen, kann sein, es ist dieselbe.

Ich bin so froh, daß ich sie gesehen habe. So froh, daß ihre Winterbehausung offenbar nicht in diesem Weg liegt. Ich nenne sie Spinne, weil ich nie ihren Namen nachgeschlagen habe. Betrachte sie lieber. Bewundere sie. Ich warte, stehe still, gehe nicht weiter, bevor sie sicher ist vor meinen Schritten.

Ich muß nun, so spät im Leben, das lieben, was macht, daß es etwas gibt. Aber ich kann nur schweigen, wenn jemand fragt: Und was ist mit dem Bösen?

Ich bin verliebt in die gebende Kraft. Die schlanken, hohen Fichten westlich am Zaun gehören zu dem Gegebenen. Sie sind niemals traurig, obwohl sie eine von Jahreszeiten unabhängige Dunkelheit um sich sammeln, seit vielen Jahren. Sie haben auch Wurzeln in der Luft. Jeder neue Laut des Flüßchens hier ist eine neue gesunde Wurzel.

Meine Fichten, ja. Kämmen Wolken, wohnen im Tau: Denn jeder einzelne Tropfen spiegelt sie alle. Ich genieße vor allem im Frühjahr ihre geschmeidig sich wiegenden Spitzentriebe, wenn der Amselhahn aus weißen Höhen herabkommt und zu reinem Gesang wird. Mit seinem lebenden schwarzen Hals ist er der einzige Erlöser meiner kurzen Stunden. Nur ein paar Fichten, ja. Doch zwischen ihnen und den Wolken gibt es zu vieles. Die blaugrauen, wenn sie kommen, die roten, grüßen von allen Weltmeeren. Sie beginnen auf dieser Seite der Erde, um die gleichzeitige dunkelgrüne Farbe zu begrüßen. Bevor sie weiterziehen.

Inhalt

aus: STASJON SMALE SENG (Station schmales Bett)

aus: STEG – FRÅ KLAR HIMMEL (Schritte - aus klarem Himmel)

aus: RIKET ER VÅRT – DAMTI DAMTI (Das Reich ist unser – damti damti) aus: KRÅKEKRINS (Krähenkreis)

aus: KJØKKENDIKT (Küchengedichte)

aus: FJORDEN (Der Fjord)

aus: MI MEININGS HUS (Haus meiner Gedanken)

aus: DEN KVITE VEGEN (Der weiße Weg)

http://www.offenesfeld.de

Coverbild: Frank Walton, „Crows on the Beach“ (1884), Ausschnitt
Satz & Layout: Studio Z16
Herstellung und Verlag: BoD - Books on Demand, Norderstedt
ISBN: 9783739213989